Duden Schülerhilfen

Aufsatz 4. Klasse

Aufgaben und Anregungen zum selbstständigen Schreiben

Bibliografische Information der Deutschen Bibliothek
Die Deutsche Bibliothek verzeichnet diese Publikation
in der Deutschen Nationalbibliografie;
detaillierte bibliografische Daten sind im Internet
über http://dnb.ddb.de abrufbar.

Redaktion: Katja Schüler
Lektorat: Kattrin Stier, Aying
Herstellerische Leitung: Claudia Rönsch
Layout: Sigrid Hecker, Mannheim
Umschlagkonzept: Bender & Büwendt, Berlin
Satz und Herstellung: Katrin Kleinschrot, Stuttgart
Druck und Bindung: Appl, Wemding
Printed in Germany
ISBN 3-411-71881-1

Duden Schülerhilfen

Aufsatz 4. Klasse

Aufgaben und Anregungen zum selbstständigen Schreiben

von Angelika Neidthardt

mit Illustrationen von Pia Eisenbarth

Dudenverlag

Mannheim · Leipzig · Wien · Zürich

Inhaltsverzeichnis

Nacherzählung

Erlebniserzählung

Was man alles schreiben kann

Bist du manchmal ratlos, wenn du einen Aufsatz schreiben musst? Zuerst fehlt dir eine zündende Idee, dann findest du nicht die passenden Worte und nur langsam reiht sich ein Satz an den anderen. Dabei ist das Geschichtenschreiben gar nicht so schwer und kann auch großen Spaß machen, wenn man weiß, wie man vorgehen muss. Erlebt hast du doch sicherlich genug in 1440 Minuten am Tag und das 365-mal im Jahr. Das müsste Stoff für viele, viele Geschichten sein.

Gut, dass man das Wörtersuchen, das Sätzefinden und das Geschichtenschreiben üben kann wie das kleine Einmaleins oder das Fußballspielen.

Wer einen großen Wortschatz haben und gute Sätze bauen will, sollte viel erzählen, zuhören und natürlich viel lesen.

Und wer dann noch viel schreibt und Spaß daran hat, wird auch ein guter Geschichtenschreiber.

Es gibt viele Gelegenheiten, etwas zu schreiben

Letzte Woche wollte Lars eine Anzeige in der Tageszeitung aufgeben. Sein kleiner Kater Moritz war nämlich schon vier Tage nicht mehr nach Hause gekommen. „Die Suchanzeige muss möglichst genau, aber kurz sein. Die Leser wollen schnell informiert werden. Außerdem kostet jede Zeile deiner Anzeige Geld“, bemerkte seine Mutter.

Entlaufen/Zugelaufen

Unser Kater, schwarz mit weißen Pfoten, 1 J. alt, hört auf den Namen Moritz, ist am 6.4. abends verschwunden. Wer hat ihn gesehen? Bitte melden: Gartenstr. 15, Tel. 06 21/17 00

Als seine Oma im Urlaub war und deswegen ihre Lieblingsserie im Fernsehen verpasste, schrieb Lars für sie den Inhalt der Folge auf. Hier musste er ausführlicher erzählen. Seine Oma hätte die Geschichte sonst nicht verstanden und sie wollte doch in der nächsten Folge wieder mitkommen.

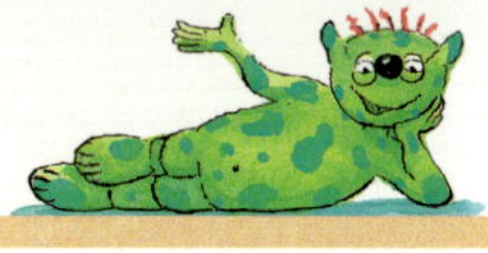

An diesen Beispielen kannst du sehen, dass man aus ganz unterschiedlichen Gründen schreiben kann. Damit du die verschiedenen Formen des Schreibens üben kannst, ist dieses Buch in fünf Kapitel eingeteilt.

Zuerst kannst du üben, wie man etwas beschreibt. Dann geht es an die Bildergeschichten. Das ist noch einfach, weil du die Bilder als Vorlage hast. Schwieriger wird es mit den Nacherzählungen. Hast du auch nichts vergessen oder dazugedichtet? Ein Erlebnis aufzuschreiben lernst du im vierten Kapitel. Wenn du dich bis zu den Fantasiegeschichten durchgearbeitet hast, dann kannst du schreiben, was dir gerade einfällt. Aber das ist gar nicht so einfach. Es muss dann alles zusammenkommen: die gute Idee, der richtige Aufbau der Geschichte, die abwechslungsreich gebauten Sätze und das treffende Wort.

Die Arbeit mit diesem Buch

Alle Schreibaufgaben mit diesem Zeichen sollst du in ein Geschichtenheft schreiben, ein besonders schön gestaltetes Heft.

Außen kannst du es einbinden, bemalen oder bekleben. Du kannst aber auch hineinmalen und deine Geschichten illustrieren oder verzieren.

Zeige es einmal deinen Eltern oder deinen Lehrern. Sie werden sich über deine Ergebnisse freuen und können dir vielleicht noch weitere Anregungen geben.

Du kannst dich auch für einen Sammelordner entscheiden. Dazu musst du dir gelochte Schreibblätter kaufen. Es gibt Ordner in vielen Farben, mit verschiedenen Mustern und Motiven. Du kannst auch einen einfachen Ordner selbst bekleben oder bemalen.

Der Sammelordner hat den Vorteil, dass du die Seiten herausnehmen kannst. Du kannst zum Beispiel eine besonders schöne Seite aufhängen oder verschenken.

Wer viel schreibt, braucht auch Leser oder Zuhörer. Organisiere doch einmal mit deinen Freunden eine Vorlesestunde oder hefte deine schönste Geschichte an ein Pinnbrett.

So arbeitest du mit den einzelnen Kapiteln

1. Auf zwei Doppelseiten findest du immer ein Thema, das du bearbeiten sollst.

2. Lies die Aufgaben und die Anregungen zum besseren Geschichtenschreiben aufmerksam durch.

3. Achte auf die Anmerkungen zum Text.

4. Schau dir die Bilder genau an. Auch sie geben dir Informationen.

5. Am Ende jedes Kapitels findest du in einem gelben Kasten noch einmal das zusammengefasst, was du bei Beschreibungen, Bildergeschichten, Nacherzählungen, Erlebniserzählungen und Fantasiegeschichten beachten musst.

6. Der rote Pfeil am Rand markiert wichtige Regeln und Merksätze.

7. Schreibe mit einem weichen Bleistift auf die Linien. Dann kannst du deine Fehler leicht korrigieren.

8. Schreibe in dein Geschichtenheft (s. Seite 10).

9. Für manche Aufgaben gibt es nur eine Lösung. Dann kannst du im Lösungsteil (ab Seite 77) vergleichen.

10. Die Wortliste (ab Seite 72) kann dir helfen, weitere sinnverwandte oder treffende Wörter zu finden.

11. Übe regelmäßig, aber nicht zu lange. Du kannst dich mit einem Thema an mehreren Tagen beschäftigen.

Aufräumen

„Wann räumst du endlich dein Zimmer auf? Man kommt ja kaum noch zur Tür hinein!“ Hast du das auch schon von deiner Mutter gehört? Lukas überlegt sich, ob er alles schnell unter sein Bett schieben soll oder ob er einmal richtig Ordnung schaffen müsste. Aber wo anfangen? Er muss die Puzzleteile aufheben und sortieren, die Bücher ins Regal stellen, den Papierkorb leeren, die Kuscheltiere auf das Bett setzen, die Spiele im Schrank verstauen und die Bausteine einsammeln. Und auf dem Schreibtisch muss er die vielen Zettel, Hefte und Stifte ordnen. „Ich glaube, ich räume zuerst einmal die Dinge auf, die auf dem Boden liegen“, entscheidet Lukas. „Dann trete ich nicht mehr ständig auf irgendetwas.“

1. Kurze Sätze kann man verbinden.

Lukas sammelt seine Bücher vom Boden auf.
Er legt sie aufeinander. Er stellt sie in das Regal.

Lukas sammelt seine Bücher vom Boden auf, legt sie aufeinander und stellt sie in das Regal.

Sandra liest die Puzzleteile auf. Sie sortiert sie.
Sie verschließt die Schachteln.

Lars nimmt die Hefte. Er ordnet sie nach Fächern.
Er steckt sie in seine Schultasche.

2. Schreibe auf, wie du dein Zimmer aufräumst. Überlege, welche Dinge du aufräumen und welche Tätigkeiten du ausführen musst.

zuerst, danach, schließlich, jetzt, darauf, dann, zuletzt, anschließend

....

....

....

....

....

....

....

3. Kannst du auf dem Bild auf Seite 14 das Lieblingsspielzeug von Lukas finden? Er beschreibt es so:

Es ist ein rotes Fahrzeug aus Plastik. Seine Leiter kann man ausziehen und schwenken. Die Türen des Führerhauses sind zu öffnen. Es ist ungefähr so groß wie ein Schuhkarton.

wegwerfen

auflesen

aufhängen

einsammeln

einräumen

sortieren

leeren

einordnen

aufstellen

ordnen

verstauen

anordnen

aufräumen

aufheben

Waffeln backen

Im Sachkundeunterricht hat Ina verschiedene Getreide- und Mehlsorten kennen gelernt. Heute Mittag will sie deshalb mit fein gemahlenem Vollkornmehl für sich und ihre Freundin Vollkornwaffeln backen. Die Mutter weiß ein gutes Rezept. Zuerst legt sich Ina die Zutaten und die Geräte zurecht.

Zutaten

250 g Weizenvollkornmehl

eine Prise Salz

1/4 l Sahne

1/4 l Milch

5 Eier

1 Esslöffel Honig

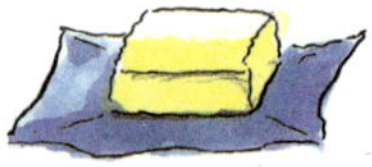

etwas Butter

1 Teelöffel geriebene Zitronenschale

Geräte

Rührschüssel

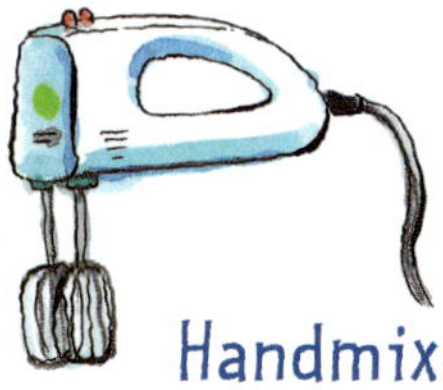

Handmixer

Kochlöffel

Rühr-
becher

Reibe

Waffeleisen

Back-
pinsel

Zubereitung

1. Mehl, Salz, Sahne und Milch

2. Eigelb, Honig und Zitronenschale

3. 15 Minuten

5. Eischnee

4. Eiweiß zu Eischnee

6. Mit Butter

Waffeln backen

1. Auch Inas Freundin möchte die Waffeln backen. Schreibe für sie das Rezept so auf, dass sie ohne diese Bilder die Waffeln zubereiten kann. Nenne zuerst die Zutaten. Schreibe dann die Anleitung auf.

Rühre aus Mehl, Salz, Milch und Sahne einen cremigen

Teig. Gib

2. Sicher kannst du schon selbst etwas kochen. Schreibe das Rezept deines Lieblingsgerichts in dein Geschichtenheft. Schneide auch einfache Rezepte aus Zeitschriften aus und klebe sie ein.

ruhen lassen

schaumig schlagen

quellen lassen

zugeben

einfüllen

cremig rühren

unterheben

einfetten

goldbraun backen

1. Beschreibe einen Vorgang, einen Gegenstand oder eine Person so genau wie möglich.

2. Bleibe sachlich. Persönliche Meinungen, Erfahrungen und Erlebnisse darfst du nicht hinzufügen.

3. Ein Vorgang wird so beschrieben, wie er sich immer vollzieht. Schreibe deshalb in der Gegenwartsform.

4. Halte bei einer Vorgangsbeschreibung die Reihenfolge der einzelnen Schritte genau ein.

5. Benutze treffende Wörter und die richtigen Fachausdrücke.

6. Führe bei einem Rezept zuerst die Zutaten und die benötigten Geräte auf. Bei einer Bastelanweisung nennst du zuerst die Materialien und Werkzeuge.

7. Achte auf verschiedene Satzanfänge. Baue Sätze um und verbinde kurze Sätze.

Reingelegt!

1. Schau dir die Bilder auf der linken Seite genau an.
Hast du verstanden, was in der Bildfolge passiert ist?

2. Lies die folgenden Fragen und versuche sie zu beantworten.

Im zweiten Bild geht der Vater mit den Kindern durch den Supermarkt. Was sehen, hören und besprechen sie?

....

....

....

Was passiert zwischen dem vierten und dem fünften Bild?

....

....

....

Wie könnten die Kinder den Vater an der Kasse abgelenkt haben, sodass er das Tier nicht bemerkt hat?

....

....

....

Reingelegt!

In welcher Stimmung sind die vier Personen im fünften Bild? Wähle für jede Person treffende Eigenschaftswörter aus. Die Wörter auf Seite 27 können dir helfen.

Mutter: ....

Vater: ....

Mädchen: ....

Junge: ....

3. Überlege dir verschiedene Möglichkeiten, wie die Geschichte ausgehen könnte. Entscheide dich für eine Lösung und zeichne das sechste Bild in das leere Kästchen im Buch oder in dein Geschichtenheft.

4. Die Bildfolge ist nun vollständig. Jetzt kannst du die Geschichte mit Worten aufschreiben. Denke daran, auch vor, zwischen und nach diesen Bildern passiert etwas.

Schreibe auch auf, was die Personen gesehen, gehört, gefühlt, was sie gesprochen und gedacht haben.

erstaunt

ängstlich

entsetzt

gespannt

sprachlos

nachdenklich

ärgerlich

zielstrebig

ratlos

Ein Missverständnis

1. Schau dir die Bildergeschichte genau an. Achte auf die Bewegungen und den Gesichtsausdruck der beiden Jungen.

2. Überlege dir zu jeder der drei Fragen eine Antwort. Schreibe auf.

Warum streiten die Jungen miteinander?

Was ist zwischen dem zweiten und dritten Bild passiert?

Woran kann man im letzten Bild erkennen, dass sich die beiden Jungen wieder versöhnt haben?

3. In jedem Bild findest du eine leere Denk- und Sprechblase. Überlege dir, was die Kinder jeweils gesagt oder gedacht haben. Schreibe in die Sprechblasen.

Ein Missverständnis

4. Wenn du deine Geschichte aufschreibst, brauchst du für jede wörtliche Rede einen Begleitsatz. In diesem Satz will der Leser nicht nur erfahren, wer spricht, sondern auch, wie gesprochen wird.
Entscheide jeweils, welches Wort am besten in die Lücke passt.

„Du hast die Wurst ganz allein aufgegessen!“,

.... Daniel.

„Ich bin doch auf den Baum geklettert“,

.... Leon.

„Du lügst!“, ... Daniel. „Das glaub ich dir nicht!“

„Dann lass es eben bleiben!“, ... Leon.

5. Schreibe die ganze Geschichte ausführlich in dein Geschichtenheft. Schreibe auch auf, was die Kinder denken und sagen. Die Wörter auf der rechten Seite können dir dabei helfen.

schreien

äußern

jammern

stottern

erwidern

meinen

murren

erzählen

tuscheln

bemerken

entgegnen

1. Schau dir die Bilder in der richtigen Reihenfolge an und überlege dir den Sinn der Geschichte.
2. Achte dann auf Einzelheiten, vor allem auf den Gesichtsausdruck und die Körperhaltung der gezeichneten Figuren.
3. Schreibe die Geschichte, die in Bildern erzählt wird, mit Worten auf.
4. Beschreibe nicht nur die einzelnen Bilder, sondern erzähle eine zusammenhängende Geschichte.

5. Ergänze, wenn nötig, was vor, was zwischen und was nach den Bildern passiert ist.

6. Erzähle so ausführlich, dass sich der Leser der Geschichte ein Bild machen kann, ohne die Bilder gesehen zu haben.

7. Gestalte die Geschichte lebendig und spannend. Verwende dazu die wörtliche Rede, Ausrufe- und Fragesätze.

8. Überlege dir eine passende Überschrift.

Der Esel in der Löwenhaut

Ein Esel wollte seinem Herrn die Säcke nicht mehr tragen. Da lief er davon und fand im Walde eine Löwenhaut. Die kommt mir gerade recht, dachte er; nun hör ich auf ein Esel zu sein. Er zog die Löwenhaut geschickt über sich und setzte seine Reise fort. Von weitem sah er wirklich aus wie ein Löwe und die Tiere gingen ihm alle aus dem Wege.

Als der Esel sah, wie sich alle vor ihm fürchteten, da wurde er noch übermütiger und fing an zu brüllen. Weil er aber ein Esel war, brüllte er auch wie ein Esel. Mit dieser Dummheit verriet er sich, und sein Streich sprach sich bald bei den Tieren herum.

Sogar der Müller, dem der Esel entlaufen war, erfuhr davon. „Diesen Herumtreiber werde ich bald wieder auf dem rechten Wege haben“, sagte er und ging in den Wald.

Als der Esel seinen Herrn sah, brüllte er so grimmig, wie er nur konnte. Aber der Müller packte ihn an seinen langen Ohren und sagte: „Du bist ein Esel und bleibst ein Esel.“ Da sagte der Esel: „Iah“ und ging wieder zurück in seinen Stall.

nach Äsop

1. Lies die Fabel langsam und aufmerksam durch oder lass sie dir einmal vorlesen.

2. Lies die Geschichte ein zweites Mal durch und achte auf wichtige Einzelheiten. Wenn du sorgfältig gelesen hast, decke den Text ab und beantwortete folgende Fragen. Kreuze die richtige Antwort an.

Welchen Beruf hat der Herr des Esels?

- [ ] Bauer
- [ ] Müller
- [ ] Bäcker

Was wollte der Esel nicht mehr tragen?

- [ ] seinen Herrn
- [ ] die Körbe
- [ ] die Säcke

Was zieht sich der Esel über?

- [ ] eine Löwenhaut
- [ ] eine Tigerhaut
- [ ] eine Bärenhaut

Was sagt der Müller zum Esel?

- [ ] „Du bist doch ein alter Dummkopf."
- [ ] „Du bist ein Esel und bleibst ein Esel."

Der Esel in der Löwenhaut

3. Kannst du dir das Geschehen in Bildern vorstellen? Schreibe die einzelnen Erzählschritte auf.

4. Schreibe nun die Geschichte ausführlich in deinen eigenen Worten auf. Du musst den Sinn der Fabel in allen wichtigen Einzelheiten wiedergeben. Achte auf die richtige Reihenfolge. Füge nichts Erfundenes hinzu. Schreibe in der Vergangenheitsform.

dumm

töricht

störrisch

bequem

arbeitsscheu

faul

Dummkopf

einfältig

Faulpelz

unklug

dämlich

Nichtsnutz

unvernünftig

Einfaltspinsel

Gute Fahrt!

Das neue blaue Mountainbike war Davids schönstes Geburtstagsgeschenk. „Du musst dich erst daran gewöhnen“, meinte seine Mutter, „fahr deshalb am Anfang besonders vorsichtig und langsam.“

Schon am nächsten Tag wollte David mit seinen Freunden zum Schwimmbad fahren. Wie er es seiner Mutter versprochen hatte, fuhr er zunächst sehr vorsichtig, aber die anderen sausten ihm bald davon und lachten ihn wegen seiner Ängstlichkeit aus …

1. Dies ist der Anfang einer Geschichte. Lies ihn dir zweimal aufmerksam durch und versuche, dir den Inhalt möglichst genau zu merken.

2. Wie könnte diese Geschichte weitergehen? Schreibe zwei Möglichkeiten in Stichworten auf.

1. Möglichkeit:

2. Möglichkeit:

3. Erzähle den Anfang der Geschichte schriftlich nach. Schreibe dann auf, wie deine Geschichte weitergeht und endet. Finde für deine Geschichte eine passende Überschrift.

Beachte

1. Dein Fortsetzungsteil soll im Inhalt genau zum Anfangsteil passen.
2. Dein ergänzter Teil der Geschichte soll lebendig und spannend sein. Das erreichst du durch wörtliche Rede, Fragen und Ausrufe.
3. Die Erzählzeit muss im Anfangs- und Fortsetzungsteil übereinstimmen.
4. Ein Schlussteil muss die Geschichte gut beenden und zum Anfangs- und Fortsetzungsteil passen.

4. Merktraining

Lies die zehn Wörter auf Seite 41 zweimal aufmerksam und langsam durch. Versuche dir die aufgezählten Dinge vorzustellen. Decke dann das Blatt ab und schreibe möglichst viele Wörter aus dem Gedächtnis auf. Vergleiche. Wie viele Wörter hast du dir richtig gemerkt?

Fahrradklingel

Straßenlaterne

Verkehrsschild

Kleinbus

Fußball

Glas

Nebenstraße

Heftpflaster

Schürfwunde

Vollbremsung

1. Lies die Geschichte, die du nacherzählen sollst, langsam und aufmerksam durch oder lass sie dir vorlesen. Achte dabei auf den Sinn der Geschichte.

2. Mache dann eine kurze Pause und versuche, dir den Inhalt der Geschichte in Bildern vorzustellen.

3. Lies die Geschichte ein zweites Mal durch und achte nun auf wichtige Einzelheiten.

4. Schreibe dir Stichworte auf, die den Ablauf der Geschichte festhalten.

5. Erzähle die Geschichte mit deinen eigenen Worten nach und achte auf die richtige Reihenfolge. Füge nichts Erfundenes hinzu.

6. Wenn du die Geschichte selbst weiterschreiben sollst, muss dein Fortsetzungsteil im Inhalt gut zum Anfangsteil passen.

7. Achte auf verschiedene Satzanfänge, treffende Wörter und vollständige Sätze. Pass auf, dass die Sätze nicht immer gleich gebaut sind.

8. Lies zum Schluss deine Geschichte noch einmal durch und vergleiche sie mit der Geschichte im Buch.

Der spitze Stein

Timo fährt mit seinem neuen Fahrrad. Da sieht er Anna vor ihrem Haus im Garten stehen. Er winkt ihr zu und übersieht dabei den Stein auf der Straße. Er stürzt. Anna hilft ihm wieder auf.

1. Schreibe zu diesem Erzählkern eine ausführliche Geschichte. Dabei kannst du Personen, Dinge und Vorgänge mit treffenden Wörtern ausmalen. Der Leser möchte sich nämlich ein genaues Bild machen können. Lass die Personen auch sprechen. Dadurch wird deine Geschichte lebendiger.
Erzähle in der Vergangenheitsform. Schreibe so:

Neulich nach der Schule fuhr Timo mit seinem neuen Mountainbike, als ……………

So kann ich mir alles viel besser vorstellen!
Fahrrad
das nagelneue, glänzende Mountainbike
Anna
die lustige Freundin mit den Sommersprossen
Haus
das alte Bauernhaus
Garten
der verwilderte Garten mit den großen Bäumen
Stein
der große, spitze Stein
Straße
die schmale, ruhige Sackgasse
Bunte Wort-mischung

2. Ergänze die Namenwörter mit den passenden Eigenschaftswörtern. Wer findet noch mehr?

kühl tief spiegelnd modern flach kräftig

Wasser	Haus	Baum	Auto	Stuhl

neu riesig verfallen kahl klar glitzernd

Wasser: Das glitzernde Wasser, das tiefe Wasser, ...

Villa

Mietshaus

Hochhaus

Palast

Einfamilienhaus

Gasthaus

Burg

Höhle

Wohnhaus

Fachwerkhaus

Hütte

Gartenhaus

Rathaus

Bauernhaus

Bungalow

Krankenhaus

Schloss

Oh Schreck!

1. Ist dir auch schon einmal so ein Missgeschick passiert? Versetze dich in die Lage der Kinder. Was fühlen sie, was denken sie, was rufen sie? Schreibe in die Sprechblasen.

Welches Ausrufewort passt an den Anfang des Ausrufesatzes? Auf der Seite 51 findest du viele Vorschläge.

2. Was könnten sich die beiden Kinder in ihrer besonderen Situation fragen? Schreibe zwei passende Fragesätze auf.

....

....

....

....

3. Verknüpfe zwei Sätze mit „weil“ oder „dass“.

Klara ist traurig. Ihr Wellensittich ist tot.
Die Glasscheibe ist zersprungen. Niko ist erschrocken.
Lars ist verärgert. Sein Heft ist voller Tintenkleckse.
Kristina freut sich. Sie hat eine schöne Muschel gefunden.

Klara ist traurig, weil ....

....

....

....

4. Erzähle von deinem Missgeschick. Oder würdest du lieber über eine besonders tolle Überraschung schreiben? Entscheide dich für ein Erlebnis. Schreibe zielstrebig auf den Höhepunkt zu. Schreibe ausführlich, was du gefühlt, gedacht und gesagt hast. Verwende Ausrufe- und Fragesätze. Beende deine Geschichte mit einem Schlusssatz.

Schreibe hier den Erzählkern deiner Geschichte auf:

....

....

....

....

....

....

Toll!

Wie herrlich!

Nein!

Hurra!

So ein Mist!

Oh!

Ach du liebe Zeit!

Juchhu!

O weh!

Ui!

Verflixt!

Schade!

Hilfe!

Oh Schreck!

Hoppla!

Ein kleiner Zwischenfall

Leonie denkt über ihre letzte Geburtstagsfeier nach. Sie soll nämlich einen Aufsatz darüber schreiben. Sie erinnert sich an viele Dinge: zehn fröhliche Kinder, viele bunt verpackte Geschenke, ein schön gedeckter Kaffeetisch, eine große Geburtstagstorte mit Kerzen, spannende Pfänderspiele, lustige Schreibspiele.

Leonie hat an diesem Tag viel erlebt. Aber sie weiß, dass sie nur ein kleines Erlebnis auswählen und besonders ausführlich und lebendig aufschreiben soll.

Als sie ihr Fotoalbum durchblättert und die Bilder von ihrer Geburtstagsfeier sieht, kann sie sich ganz leicht entscheiden.

1. Leonie erzählt nun dieses kleine Erlebnis zum Thema Meine Geburtstagsfeier in der Ichform. Sie schildert zuerst kurz, was sie vor diesem Spiel erlebt hat, und erzählt dann ausführlich von ihrem kleinen Missgeschick. Leonie schreibt, was sie gefühlt, gedacht und gesagt hat und lässt auch die anderen Kinder sprechen.

Schreibe die einzelnen Erzählschritte in der richtigen Reihenfolge auf.

Ein kleiner Zwischenfall

2. Sicher hast du auch schon einen Kindergeburtstag gefeiert. Greife ein Erlebnis heraus und erzähle es ausführlich in der Vergangenheitsform. Es kann ein kleines Erlebnis sein. Denke zuerst einmal gründlich nach. Viele Bilder und Erinnerungen sind in deinem Kopf.

3. Überlege dir zu jedem dieser Rahmenthemen ein kleines Erlebnis, das du ausführlich erzählen könntest.

Gummibärchen

laut

Luftballons

bunt

auspacken

Geschenkpapier

verlieren

lachen

Augenbinde

Preise

tanzen

Salzstangen

gewinnen

beleidigt

Geschrei

weinen

heiß

Kerzen

Herzklopfen und Gänsehaut

Der Junge auf dem Bild hat Angst. Wovor wohl? Fällt dir etwas ein, was ihn so erschreckt haben könnte? Du bist neugierig, aber das Bild verrät den Grund nicht.

Auch deine Geschichten sollen spannend sein. Dazu musst du im wichtigsten Teil der Geschichte ganz genau erzählen: Beschreibe ausführlich, was du siehst, hörst, fühlst, denkst und sagst. Du darfst aber nicht zu früh verraten, wie deine Geschichte endet, damit die Spannung beim Leser möglichst lange erhalten bleibt.

1. Jedes Kind hatte schon einmal Angst. Finde möglichst viele Beispiele. Schreibe sie auf und überlege dir, wie sich ein Kind in diesen Situationen verhält.

Angst vor dem Hund – das Kind rennt davon

Angst vor einer Biene – das Kind schlägt um sich

Herzklopfen und Gänsehaut

2. Hattest du auch schon einmal Angst? Überlege dir, wann und wo du etwas Beängstigendes erlebt hast. Es kann ein kleines Erlebnis sein. Schreibe die wichtigsten Erzählschritte in Stichworten auf.

....

....

....

....

....

....

....

....

3. Schreibe nun ausführlich eine spannende Geschichte in dein Heft. Schreibe auch wörtlich auf, was du gedacht und empfunden hast. Der Leser will mit dir fühlen und die Situation erleben, wie sie für dich gewesen ist.

4. Finde eine treffende Überschrift für deine Geschichte, die neugierig macht und doch nicht zu viel verrät.

ein Schauer läuft den Rücken hinunter

fröhlich hin und her hüpfen

schweißgebadet sein

eine Gänsehaut bekommen

Herzklopfen haben

die Hände werden feucht

wie gelähmt sein

mit den Zähnen klappern

ein schlechtes Gefühl im Magen haben

kreideweiß werden

die Augen leuchten erwartungsvoll

schlottern

in Ohnmacht fallen

1. Lies das Thema deiner Erlebniserzählung und denke darüber nach.

2. Entscheide dich für ein Erlebnis. Es kann ein kleines Ereignis sein, aber du solltest es selbst erlebt haben.

3. Das Hauptereignis musst du möglichst genau und spannend darstellen. Deine Erzählung muss einen Höhepunkt haben. Die Einleitung und der Schluss sollen kurz sein.

4. Benutze treffende Wörter und vermeide Wiederholungen.

5. Verwende wörtliche Rede, damit deine Geschichte lebendig und interessant wird. Schreibe auch auf, was du gedacht und gefühlt hast.

6. Erzähle in der Vergangenheitsform.

7. Lies deine Sätze immer noch einmal durch. Sind sie vollständig und abwechslungsreich gebaut?

8. Wähle eine Überschrift, die neugierig macht, aber nicht zu viel verrät.

Spinnereien

Stell dir mal vor, du gehst spazieren. Du bist vom Weg abgekommen. Mitten im Dickicht entdeckst du vor dir ein großes Spinnennetz. Aufmerksam betrachtest du das Kunstwerk aus feinen, glitzernden Fäden und siehst plötzlich etwas darin zappeln. Ein klitzekleines Männchen hat sich in den Fäden verstrickt. Mit feiner Stimme spricht es dich an: „Wenn du mich befreist, schenke ich dir eine goldene Kette. Sie hat Zauberkraft. Wer sie umhängt, kann sich in alles verwandeln, was er sich vorstellen kann."

Das lässt du dir nicht zweimal sagen. Vorsichtig befreist du das Männchen. Und wirklich, es löst sein Versprechen ein. Du bekommst die goldene Kette und jetzt kannst du dich verwandeln.

1. Stell dir mal vor, du wärst eine Ameise. Wie würde die Welt für dich aussehen? Was könntest du erleben? Wo könntest du überall hineinschlüpfen? Vielleicht in das Hosenbein eines Riesen?

Stell dir mal vor, du könntest in der Zukunft leben oder vielleicht in der Vergangenheit.

Wärst du lieber ein Astronaut,
eine Prinzessin,
ein Dinosaurier,
ein Adler oder
Pippi Langstrumpf?

2. Welche Vorstellung gefällt dir am besten? Entscheide dich für eine Idee und spinne mit Worten eine fantasievolle Geschichte. Pass aber auf, dass du den Faden nicht verlierst und nicht von einem Erlebnis zum anderen hüpfst.

3. Bevor du deine Geschichte aufschreibst, musst du den Verlauf und Aufbau planen:

Was ist der Kern deiner Geschichte?

....

....

....

Was muss in deine kurze Einleitung?

....

....

....

Wo soll deine Geschichte besonders spannend werden?

....

....

....

Wie soll deine Geschichte enden?

....

....

....

etwas erfinden

aufschneiden

übertreiben

schwindeln

sich nicht an
die Wirklichkeit
halten

die Unwahrheit
sagen

lügen

jemanden täuschen

fantasieren

flunkern

spinnen

es mit der
Wahrheit
nicht so genau
nehmen

jemanden
verkohlen

Neueste Neuigkeiten

Jana und Tobias spielen das Reporterspiel. Sie schneiden aus einer Zeitschrift drei Bilder aus. Jeder muss nun eine Geschichte aufschreiben, die zu diesen Bildern passt.

Bevor Tobias zu schreiben beginnt, macht er sich zu jedem Bild Gedanken: „Wurde der Frau etwas gestohlen oder wurde sie verletzt? Der Hund sieht eigentlich ganz lieb aus. Hat er der Frau eine Wurst gestohlen? Die Frau ist aber so aufgeregt und die Polizei ist schon da. Sicher wurde ihr die Handtasche gestohlen. Der Hund könnte den Täter gefasst haben und zur Belohnung die Wurst bekommen."

Jetzt glaubt Tobias den richtigen Zusammenhang gefunden zu haben. Schnell beginnt er die Geschichte aufzuschreiben.

1. Mache es wie Jana und Tobias. Schneide drei Bilder aus einer Zeitschrift aus. Betrachte die Bilder genau und sammle zu jedem Bild Einfälle.

1. Bild:

2. Bild:

3. Bild:

2. Verknüpfe deine Ideen zu einer zusammenhängenden Geschichte. Schreibe sie wie ein Reporter, der von einem Ereignis berichtet, in dein Geschichtenheft. Klebe jedes der Bilder an der passenden Stelle in den Text ein. Finde eine Überschrift, die neugierig macht.

3. Das Reizwortspiel

Dieses Spiel könnt ihr zu zweit oder zu mehreren spielen. Tippt abwechselnd fünfmal mit dem Bleistift auf eine Zeitungsseite. Schreibt die Wörter, die ihr auf diese Weise trefft, auf einen Zettel. Es können auch Eigenschafts- oder Zeitwörter sein. Erfindet damit eine zusammenhängende Geschichte. Lest sie euch gegenseitig laut vor. Du kannst auch mal deinen Vater bitten, Wörter zu tippen und dir damit eine spannende Geschichte zu erzählen.

Vertretung

Ferien

vergessen

Pause

hitzefrei

zu spät kommen

Sportlehrer

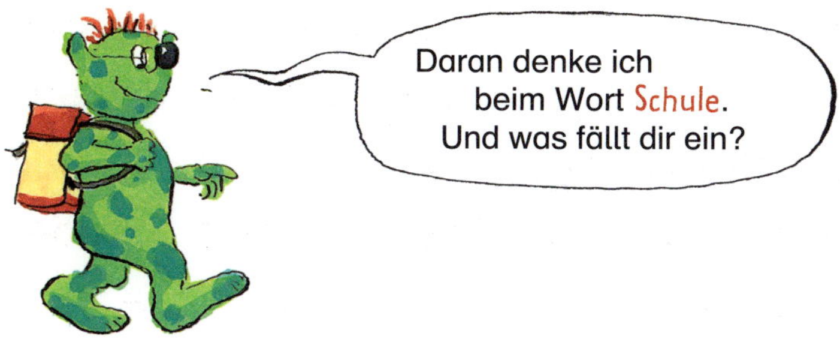

Hausaufgaben vorlesen

Hausmeister

Kreide

Lärm

Wandtafel

schulfrei

Stundenplan

Farbkasten

1. Lies das Thema deiner Fantasiegeschichte durch und denke über die Aufgabe genau nach.

2. Sammle verschiedene Einfälle und entscheide dich dann für eine Idee.

3. Überlege dir bei vorgegebenen Reizwörtern, wie du sie in einer Handlung verbinden kannst. Ordne sie in der Reihenfolge, wie du sie in der Geschichte verwenden willst.

Gespenst	stolpern
Küchenuhr	Dunkelheit

4. Plane den Verlauf der Geschichte. Wo soll sie am spannendsten sein und wie soll sie enden?

5. Füge fantastische, unwahrscheinliche Einzelheiten in deine Geschichte ein.

6. Schmücke die Geschichte mit anschaulichen und farbigen Wörtern aus.

7. Verwende Frage- und Ausrufesätze und die wörtliche Rede.

8. Vermeide Wiederholungen bei der Wortwahl und bei Satzanfängen und baue die Sätze unterschiedlich auf.

Hilfen zur Wortwahl

Diese kleine Wortliste soll dir helfen, beim Schreiben immer einen treffenden Ausdruck zu finden und Wiederholungen desselben Wortes zu vermeiden.

Anfang	Start, Beginn, Auftakt, Eröffnung
Angst	Furcht, Scheu, Unsicherheit, Panik
Anstrengung	Fleiß, Mühe, Arbeit
Auto	Personenwagen, Lastwagen, Bus, Fahrzeug, Cabrio, Feuerwehrauto, Krankenwagen, Müllauto, Polizeiauto, Postauto, Sportwagen, Tankwagen, Möbelwagen
Bitte	Wunsch, Forderung, Antrag
Dummkopf	Schwachkopf, Trottel, Niete, Idiot
Feigling	Hasenfuß, Angsthase, Drückeberger
Feuer	Glut, Flamme, Brand
Gefahr	Not, Klemme, Unsicherheit, Risiko, Bedrohung
Geräusch	Krach, Knall, Lärm, Getöse
Haus	Hütte, Gebäude, Einfamilienhaus, Mietshaus, Villa, Palast, Schloss, Burg, Hochhaus, Bude, Bauwerk, Wohnhaus
Idee	Einfall, Gedanke, Geistesblitz, Eingebung
Junge	Bub, Knabe, Bengel, Lausbub, Freund, Bruder, Schlingel
Kind	Mädchen, Junge, Schüler, Kindergartenkind
Lärm	Krach, Radau, Getöse, Gepolter
Mädchen	Freundin, Schwester, Göre
Mut	Furchtlosigkeit, Entschlossenheit, Tapferkeit
Pech	Missgeschick, Unglück, Unheil, Jammer, Not, Elend
Regen	Wolkenbruch, Schauer, Regenguss, Sprühregen
Streit	Zank, Krach, Rauferei, Balgerei, Prügelei
Täter	Übeltäter, Verbrecher, Gauner, Bösewicht, Halunke
Wasser	Pfütze, Teich, See, Meer, Quelle, Bach, Fluss, Strom
Weg	Pfad, Feldweg, Fußweg, Waldweg, Radweg, Gasse, Straße, Hauptstraße, Umgehungsstraße, Schnellstraße, Autobahn, Fußgängerweg, Bürgersteig, Wasserstraße

Zeit	Augenblick, Moment, Ewigkeit, Sekunde, Minute, Stunde, Tag, Woche, Monat, Jahr, Morgen, Mittag, Abend, Nacht, Vormittag, Nachmittag, Mitternacht
anfangen	beginnen, loslegen, starten, die Arbeit aufnehmen
angeben	prahlen, aufschneiden
sich ängstigen	sich fürchten, den Mut verlieren, sich gruseln
antworten	entgegnen, erwidern
arbeiten	sich beschäftigen, sich abmühen, zupacken, sich betätigen
sich aufregen	sich beunruhigen, außer Fassung sein, sich ereifern
beenden	abschließen, aufhören, Schluss machen
begegnen	treffen, wieder sehen
bekommen	erhalten, empfangen
beleidigen	verletzen, beschimpfen, kränken
beschreiben	ausmalen, schildern
brennen	glühen, flackern, lodern, in Flammen aufgehen, schwelen
denken	überlegen, nachdenken, sich fragen, grübeln, rätseln
entschuldigen	vergeben, verzeihen, nachsichtig sein
erfahren	herausbekommen, aufschnappen
essen	futtern, speisen, schmausen, verzehren, hinunterschlingen, knabbern, vespern
fahren	reisen, kutschieren, sausen, rasen, radeln, rollen
fallen	stürzen, ausrutschen
fliegen	flattern, schweben, segeln, gleiten, schwirren
sich freuen	jubeln, jauchzen, fröhlich sein, aus dem Häuschen sein
geben	überreichen, schenken, überlassen, aushändigen
gehen	eilen, rennen, sausen, rasen, hasten, schlendern, bummeln, trödeln, spazieren, schleichen, humpeln, schlurfen, stapfen, wandern, waten
helfen	unterstützen, beistehen, fördern, einspringen
kaufen	erwerben, erstehen, beziehen

lachen	kichern, grinsen, schmunzeln, strahlen, lächeln, in Lachen ausbrechen
lehren	unterrichten, unterweisen, erklären, beibringen
lernen	Kenntnisse erwerben, sich einprägen, begreifen, verstehen, erfassen, büffeln, pauken
leuchten	strahlen, glänzen, glitzern, funkeln, schimmern, flimmern
lügen	schwindeln, flunkern, täuschen, die Unwahrheit sagen
machen	herstellen, anfertigen, ausführen, fertig stellen, zubereiten, erzeugen
mitteilen	berichten, erzählen, schreiben, informieren
öffnen	aufmachen, aufschließen, aufreißen
planen	überlegen, vorbereiten, sich vornehmen, beabsichtigen
regnen	nieseln, tröpfeln, gießen, in Strömen regnen, schütten
sagen	sich äußern, sprechen, bemerken, erwähnen, erzählen, berichten, reden, meinen, meckern, entgegnen, erwidern, murmeln, murren, quatschen, quasseln, plaudern, plappern, schimpfen, schwätzen, stammeln, stottern, tuscheln, flüstern, wispern, fragen, antworten, schreien, rufen, brüllen, kreischen
schimpfen	schelten, anfauchen, meckern, wettern
sehen	bemerken, beobachten, betrachten, gucken, schauen, starren, entdecken, erblicken, erspähen
singen	summen, brummen, schmettern, trällern, (Vögel) pfeifen, trillern, zwitschern, piepsen, zirpen
streiten	zanken, sich verkrachen, sich anfeinden, sich bekämpfen
tun	handeln, verrichten, unternehmen, ausüben, besorgen, ausführen, durchführen, sich beschäftigen, machen
verbessern	bearbeiten, berichtigen, ergänzen, verschönern
verfolgen	jagen, nacheilen, hetzen, auf der Spur sein, nicht aus den Augen lassen
vergessen	entfallen, sich nicht erinnern, nicht mehr wissen, nicht im Kopf behalten
verspotten	hänseln, auslachen, aufziehen, verhöhnen

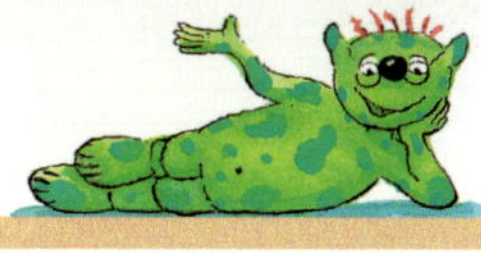

versprechen	versichern, beteuern, beschwören, sein Wort geben
verstehen	erfassen, begreifen, einsehen, durchschauen
zerstören	abreißen, abbrechen, vernichten, verbrennen, verwüsten, zerschlagen
ziehen	zerren, zupfen, reißen, schleppen, schleifen
zittern	schlottern, beben, bibbern
zweifeln	Bedenken haben, nicht sicher sein, misstrauen, schwanken, unschlüssig sein

aufmerksam	achtsam, umsichtig, bei der Sache sein
bange	furchtsam, ängstlich, schreckhaft, verzagt, mutlos
billig	preisgünstig, preiswert, erschwinglich
böse	bösartig, boshaft, hinterhältig, gehässig, niederträchtig
dumm	einfältig, unbegabt, doof, töricht, schwer von Begriff
dunkel	düster, finster, dämmrig
dünn	schmal, schlank, hager, mager, spindeldürr, zierlich
eigensinnig	bockig, starrköpfig, dickköpfig, störrisch, trotzig, unnachgiebig, widerspenstig, stur, verbissen, verstockt
einsam	allein, mutterseelenallein, verlassen, im Stich gelassen
falsch	unrichtig, verkehrt, fehlerhaft, unzutreffend
fleißig	eifrig, arbeitsam, strebsam, unermüdlich, tüchtig, emsig
froh	freudig, glücklich, gut gelaunt, vergnügt, munter, heiter, fröhlich, übermütig, erleichtert
groß	riesig, hoch gewachsen, stattlich, gewaltig, lang, breit, mächtig, geräumig, wuchtig
interessant	spannend, fesselnd, unterhaltend, wissenswert, mitreißend
kalt	nasskalt, eiskalt, eisig, frostig, frisch, kühl
kaputt	entzwei, schadhaft, defekt, zerbrochen, zerrissen, zerfetzt
klein	klitzeklein, kümmerlich, winzig, schmal, knapp, wenig, gering, unbedeutend, spärlich
klug	schlau, aufgeweckt, begabt, gescheit

langsam	gemächlich, bedächtig, ohne Eile, schrittweise, allmählich, nach und nach, schwerfällig
laut	lärmend, geräuschvoll, ohrenbetäubend, schallend
leicht	federleicht, einfach, kinderleicht, mühelos, spielend, ohne jede Schwierigkeit
mutig	furchtlos, unerschrocken, tapfer, kühn, keck, verwegen
neu	unbenutzt, unbekannt, nagelneu, ungebraucht
ordentlich	genau, zuverlässig, gewissenhaft, sauber, gründlich
pünktlich	rechtzeitig, genau, im richtigen Augenblick, auf die Minute
schmutzig	dreckig, unsauber, verdreckt, ungepflegt, schmuddelig
schnell	rasch, geschwind, schleunigst, eilig, blitzschnell, pfeilschnell, flink, hastig, wie im Flug
schön	wunderschön, bildschön, hübsch, niedlich, lieblich, reizend, herrlich, wundervoll, zauberhaft
schrecklich	grässlich, schauderhaft, furchtbar, entsetzlich, erschreckend
traurig	betrübt, bedrückt, bekümmert, untröstlich, unglücklich
warm	heiß, lauwarm, handwarm, lau
wunderbar	entzückend, herrlich, himmlisch, prachtvoll, wundervoll

dann	da, danach, darauf, im nächsten Augenblick, einige Minuten später, nach einiger Zeit, daraufhin, im Anschluss daran
früher	vor langer Zeit, einst, damals, vor vielen Jahren
immer	dauernd, ständig, immerzu, andauernd, fortwährend, stets
jetzt	im Augenblick, eben, nun, im Moment, zurzeit, augenblicklich, sofort
oft	häufig, wiederholt, mehrmals, oftmals, immer wieder
plötzlich	mit einem Mal, unerwartet, überraschend, auf einmal, aus heiterem Himmel, schlagartig

Lösungshilfen

Wenn wir Sätze bilden, nach treffenden Wörtern suchen oder Geschichten schreiben, dann gibt es oft mehrere gute Lösungen. Hier findest du Lösungsvorschläge, die du mit deinen Lösungen vergleichen kannst. Für Fragen, die du nur selbst beantworten kannst, findest du keine Antworten.

Seite 15

1. Sandra liest die Puzzleteile auf, sortiert sie und verschließt die Schachteln.
Lars nimmt die Hefte, ordnet sie nach Fächern und steckt sie in seine Schultasche.

3. Das Lieblingsspielzeug von Lukas ist sein rotes Feuerwehrauto.

Seite 20

1. 250 g Weizenvollkornmehl, eine Prise Salz, 1/4 l Sahne, 1/4 l Milch, 5 Eier, 1 Esslöffel Honig, 1 Teelöffel geriebene Zitronenschale, etwas Butter.
Rühre aus Mehl, Salz, Milch und Sahne einen cremigen Teig. Gib Eigelb, Honig und Zitronenschale dazu. Lass den Teig 15 Minuten quellen. Schlage in der Zwischenzeit das Eiweiß zu Eischnee. Hebe den Eischnee unter den Teig. Fette das elektrische Waffeleisen mit Butter ein. Gib einen Schöpflöffel Teig auf die Backfläche und backe die Waffel goldbraun aus.

Seite 25–26

2. Sie sehen verschiedene Waren und Angebotsschilder. Aus dem Lautsprecher ertönen Musik und eine Stimme, die die heutigen Sonderangebote bekannt gibt. Der Vater und die Kinder besprechen, was sie kaufen wollen.

Der Vater zahlt seine Waren an der Kasse und kehrt mit den Kindern nach Hause zurück.

Wie die Kinder den Vater ablenken, musst du dir selbst ausdenken.

Mutter: ärgerlich, erstaunt
Vater: erstaunt, sprachlos, ratlos
Mädchen: fröhlich, erwartungsvoll, neugierig
Junge: abwartend, neugierig, ängstlich

Seite 29–30

2. Die Jungen streiten miteinander, weil die Wurst verschwunden ist. Jeder verdächtigt den anderen sie aufgegessen zu haben.

Ein Hund hat sich die Wurst geschnappt und weggetragen.

Die Jungen sitzen sich gegenüber, lachen, essen und trinken miteinander.

4. „Du hast die Wurst ganz allein aufgegessen!“, schimpft Daniel.
„Ich bin doch auf den Baum geklettert“, entgegnet Leon.
„Du lügst!“, schreit Daniel. „Das glaub ich dir nicht!“
„Dann lass es eben bleiben!“, murrt Leon.

Seite 36

3. Der Esel will die Säcke nicht mehr tragen. Der Esel zieht sich eine Löwenhaut über. Sein Streich spricht sich bald bei den Tieren herum. Der Müller packt den Esel bei den Ohren und bringt ihn in seinen Stall zurück.

Seite 46

2. Wasser: das glitzernde Wasser, das tiefe Wasser, das spiegelnde Wasser, das kühle Wasser, das flache Wasser, das klare Wasser
Haus: das neue Haus, das moderne Haus, das alte Haus, das verfallene Haus, das riesige Haus
Baum: der alte Baum, der riesige Baum, der kahle Baum, der kräftige Baum
Auto: das neue Auto, das riesige Auto, das moderne Auto
Stuhl: der moderne Stuhl, der alte Stuhl, der neue Stuhl

Seite 49

3. Klara ist traurig, weil ihr Wellensittich tot ist.
Niko ist erschrocken, weil die Glasscheibe zersprungen ist.
Lars ist verärgert, weil sein Heft voller Tintenkleckse ist.
Kristina freut sich, dass sie eine schöne Muschel gefunden hat.

Fachbegriffe der Grammatik

Vokal	Selbstlaut	a, e, i, o, u
Konsonant	Mitlaut	b, c, d, f, ...

Wortarten

Namenwort	Nomen oder Substantiv	Hahn
Einzahl	Singular	ein Hahn
Mehrzahl	Plural	viele Hähne
Begleiter	Artikel	der Hahn
Fälle:		
1. Fall / Werfall	Nominativ	der Hahn
2. Fall / Wessenfall	Genitiv	des Hahnes
3. Fall / Wemfall	Dativ	dem Hahn
4. Fall / Wenfall	Akkusativ	den Hahn

Zeitwort	Verb	krähen
Grundform des Zeitwortes	Infinitiv	krähen
Gegenwart	Präsens	er kräht
vollendete Gegenwart	Perfekt	er hat gekräht
Zukunft	Futur	er wird krähen
Vergangenheit	Imperfekt	er krähte

Eigenschaftswort	Adjektiv	der stolze Hahn
Fürwort	Pronomen	er kräht
Umstandswort	Adverb	er kräht bald
Verhältniswort	Präposition	auf dem Mist

Satzglieder

Satzgegenstand	Subjekt
Satzaussage	Prädikat
Ergänzung Wessen-Ergänzung Wem-Ergänzung Wen-/Was-Ergänzung	Objekt Genitivobjekt Dativobjekt Akkusativobjekt
Umstands-bestimmung	adverbiale Bestimmung